KT-463-621

PAWEN LAWEN!

Llyfrgelloedd Caerdydd
www.caerdydd.gov.uk/llyfrgelloedd
Cardiff Libraries
www.cardiff.gov.uk/libraries

CAERDYDD
CARDIFF

ACC. No: 02938021

PAWEN LAWEN!

Cerddi Byd Natur

gan Casia Wiliam

a Beirdd Plant Cymru

Golygydd: Myrddin ap Dafydd

Darluniau gan John Lund

Gwasg Carreg Gwalch

⁴ CYNNWYS

Cyflwyniad

Ers i mi ddechrau ar fy ngwaith fel Bardd Plant Cymru, rydw i wedi holi plant mewn sawl ysgol pa thema fydden nhw'n ei dewis ar gyfer casgliad o gerddi, a dro ar ôl tro mae plant wedi dweud 'Byd Natur', felly rydw i wedi gwrando! Mae'r gyfrol hon yn llawn cerddi gwych am anifeiliaid slei, dail direidus, anturiaethau anhygoel allan yn yr awyr agored, a llawer mwy. Digon i wneud i chi daflu'r llyfr trwy'r ffenest a chychwyn allan am antur eich hun ... gobeithio!

Mwynhewch!

Cofion,

Casia Wiliam

o.n. Cofiwch i glywed cerdd ar ei gorau mae angen ei darllen allan yn uchel.

Y Tymhorau

Beth am i chi roi cynnig ar ysgrifennu penillion bach fel hyn? Gallwch ddisgrifio'r tywydd, gwahanol deimladau, neu ddyddiau arbennig fel diwrnod Nadolig neu ddiwrnod mabolgampau'r ysgol. Yna, gall pawb arall yn y dosbarth ddyfalu pwy neu beth rydych chi'n ei ddisgrifio.

Rydw i yn garolau swynol.
Rydw i yn blu eira gwyn.
Rydw i yn fins pei ac yn dwrci.
Rydw i yn swatio o flaen y tân efo fy nheulu.
Pa dymor ydw i?

Rydw i yn blant bach yn chwerthin.
Rydw i yn las a gwyn tonnau'r môr.
Rydw i yn hufen iâ oer.
Rydw i yn wyliau hir, hyfryd heb ddim ysgol. Hwrê!
Pa dymor ydw i?

Rydw i yn grensian dail dan draed.
Rydw i yn aur ac oren yr awyr hwyr.
Rydw i yn siocled poeth a malws melys.
Rydw i yn mynd â'r ci am dro yn fy welingtons.
Pa dymor ydw i?

Rydw i yn gân yr adar bach.
Rydw i yn felyn y cennin Pedr.
Rydw i yn grempog dew gyda siwgr a lemon arni.
Rydw i yn ymestyn y dydd fel cath ddiog.
Pa dymor ydw i?

Casia Wiliam

DOLFFINIAID CEREDIGION

Beth am i chi adrodd hanes rhywbeth arbennig sydd
wedi digwydd i chi? Cerdd ydi hi, cofiwch, nid stori,
felly does dim angen dweud pob dim, dim ond y
pethau pwysicaf, a'u disgrifio nhw'n ofalus.

Fy mhen-blwydd!
Deg o'r diwedd.
I ffwrdd â ni am swper neis
i'r gwesty yn Gwbert.

Yma mae'r sglodion gorau
(gyda digon o sos coch),
a weithiau bydd gwyddau Canada
yn hedfan heibio
gan wneud siâp V.

Cacen ben-blwydd.
Canhwyllau!
A gwên wedi ei gludo ar fy wyneb.
Brathiad mawr,
gyda digon o eisin
ac edrych allan ar y môr.

Dyna pryd y gwelais i nhw.
Esgyll du yn torri trwy'r dŵr.
Pob un fel hanner lleuad
a'u cefnau mor llyfn â llithren.
Teulu cyfan yn nofio tua'r machlud.

Doedd dim smic i'w glywed,
roedden nhw'n rhy bell,
ond roeddwn i'n siŵr
eu bod nhw'n chwerthin,
ac yn canu pen-blwydd hapus.

Casia Wiliam

Fy Nymuniad

Gan mai plentyn ydw i
rhaid i mi fyw mewn tŷ,
ond byw mewn pabell yn yr ardd
yw fy nymuniad i.

Fe glywn i gân y Gwcw,
y Dryw a'r Gwdihŵ,
a chyn pen dim mi fyddwn i
yn canu gyda nhw.

Gorweddwn ar y glaswellt
cyn mynd i gysgu'n braf
a chyfri sêr y nen i gyd
bob nos trwy wyliau'r haf.

Pob blodyn a phob deilen,
eu siâp, eu lliw a'u llun,
fe ddown i nabod rhain i gyd
a'u henwau nhw bob un.

Trychfilod bach y ddaear,
ystlumod du y nos,
y llwynog a'r twrch daear swil
a'r fuwch goch gota dlos.

Y draenog bychan pigog,
glöyn byw, a Jet y ci,
yn cysgu yn eu canol nhw,
mor hapus fyddwn i.

Ond ella, dim ond ella,
bydd rhaid imi alw draw
gan bicio mewn at Mam a Dad
pan bydd hi'n bwrw glaw!

Casia Wiliam

Y Gragen

Does gen i ddim tŷ adar,
na gardd, a dweud y gwir.
Does gen i yr un goeden,
na blodyn ar fy nhir.

Dwi'n byw mewn fflat, un uchel,
reit ar y seithfed llawr,
mewn dinas hynod brysur
llawn adeiladau mawr.

Ond llynedd es ar wyliau
i bentref lan y môr
ac yno roedd byd natur
yn canu fel un côr.

Roedd tonnau'r môr fel llewpart
yn rhuo ewyn gwyn,
gan wylchu'r creigiau'n socian
a'r rheiny'n sbio'n syn.

Y tywod dan fy modiau
a ganai alaw braf
fel rhywun yn chwibanu
wrth chwarae yn yr haf.

Y gwymon oedd yn gwichian
wrth lithro tua'r lan,
fel mil o lygod bychain
yn gweiddi am eu mam.

Gwylanod oedd yn sgrechian
fel gwrachod blin a chas,
eu lleisiau'n llenwi'r awyr
wrth iddynt fynd ar ras.

A sŵn y plant yn chwerthin
wrth fwyta hufen iâ
nawr dyna'r sŵn hyfrytaf
a glywais trwy yr ha'.

Dwi bellach adref eto,
'nôl ar y seithfed llawr,
yn clywed ceir a lleisiau
rhwng machlud haul a gwawr.

Ond ni ddes adre'n waglaw,
o'r gwyliau ger y lli,
roedd cragen yn fy mhoced
a rhywbeth ynddi hi.

Yn cuddio yn y gragen
mae cân y traeth yn gôr,
ac wrth wrando arni'n astud
dwi'n ôl ar lan y môr.

Casia Wiliam

ANIFEILIAID CYFRWYS

Dwi wedi dechrau sylwi
ar anifeiliaid slic
sy'n sleifio mewn i lefydd
annisgwyl heb ddim smic.

Ie, dianc maent o'r ffermydd,
o'r goedwig ac o'r sw
i fyw mewn dywediadau
yn slei, i mewn â nhw!

Idiomau ydi enw
y dywediadau hyn
all gynnwys anifeiliaid
rhai ciwt, rhai hyll, rhai syn.

Os mai ti sy'n llyncu mul,
ti wedi pwdu'n lân.
Neu ffansi cariad? Cofia,
mae brân i bob un frân.

Os wyt ti'n cysgu llwynog,
rhyw esgus cysgu wyt ti!
Os byddi'n dechrau chwydu
o na, ti'n sâl fel ci!

Os nad oes lot o rywbeth,
mae'n brin fel dannedd iâr.
Yn dlawd fel ll'goden eglwys?
Does gen ti'm ceiniog sbâr.

Codi cyn cŵn Caer o hyd?
Ti'n codi cyn y wawr.
Dy stafell wely yn draed moch?
Mae'r lle yn llanast mawr!

Wyt ti yn un drygionus?
Wel, ti yw'r ddafad ddu!
Neu'r cyw bach melyn olaf?
Y fenga yn y tŷ.

Mae anifeiliaid cyfrwys
yn cuddio lond ein hiaith.
A wyddost ti am ragor?
Mae'r rhestr yn un faith!

Casia Wiliam

CASGLU

Pluen fach
cragen lwyd
moch coed cul
blodau main
tywod mân
concyr galed
pluen wen
carreg oer
moch coed tew
blodau tlws
tywod poeth
concyr sgleiniog
pluen frith
cragen lefn

moch coed twt
carreg bigog
cragen drom
tywod du
concyr wastad
blodau llachar
pluen hir
carreg gron
moch coed mawr
carreg liwgar
blodau ysgafn
tywod bras
concyr lydan
cragen aur.

Casia Wiliam

DILYN DEILEN

Beth am ddilyn deilen
a mynd ar antur fawr?
Dros y cloddiau,
o dan y defaid,
i fyny ac i lawr.

Dilyn deilen dros yr afon
a chogio nofio yn y dŵr.
Cynffon llwynog! Ei chosi'n ysgafn,
a hedfan heibio heb godi stwr.

Gorffwys am eiliad ar ryw weiren
gyda thamaid bach o wlân.
Dawnsio'n hapus heibio'r draenog
sydd wedi blino'n lân.

Llithro'n dawel dros yr eithin
a throelli'n gwbl rydd,
fel chwyrligwgan llon ac ysgafn,
fe chwyrlïwn ni trwy'r dydd.

Tyrd i ddilyn deilen
a mynd ar antur fawr.
Dros y cloddiau,
o dan y defaid,
i fyny ac i lawr.

Anni Llŷn

PRY

On'd wyt ti'n un bach rhyfedd?
Un blin wyt ti, fy ffrind,
Yn hedfan 'rhyd a lled y tŷ
Heb wybod i le ti'n mynd.

Ti'n glanio ar y ffenest,
Ti'n glanio ar drwyn y ci,
Ti'n glanio ar fy nghinio Sul
Sy LOT rhy fawr i ti.

Ti'n gweld o bellter byd, on'd wyt?
Mae dy sylw fel y gwynt,
Waeth pa mor gyflym dwi am dy ddal
Ti'n dianc ganwaith cynt.

Ti'n cofio glanio'n ysgafn
Ar belen sgleiniog crwn?
Wel, pen moel Taid oedd dan dy draed
Mi wyddost hynny, mwn.

"Mi ga' i ti!" meddyliais,
"Mi gei di gelpan chwap!"
Ond wrth i'm llaw i chwipio lawr
Taid druan ga'th y slap!

A thra mod i yn cwyno, bry ...
Ti'n swnllyd am un mân
Yn "mmmmm mmmm mmmian" yn ddi-stop
Nes mod i'n gwylltio'n lân!

Ma gen ti fyd o awyr iach
Tu allan, wyddost ti,
Felly pam, o pam, 'rhen bry bach blin
Ti'n aros yn tŷ ni?

Caryl Parry Jones

Llifogydd

Mellt yn fflachio'n felyn gloyw,
a sŵn y glaw fel dwylo ar ddrwm;
yn stido, stido, fel traed yn stampio,
a'r dŵr yn llifo i lawr y cwm.

Pigiad y mellt yn chwyddo'r afon,
yn newid ei lliw yn frown a du
a'r dyfroedd yn berwi yn wyllt fel cacwn,
a'r mwd yn corddi, yn llygru'r lli.

Mae'r afon fel brwsh yn mynd lawr y cwm,
yn sgubo canghennau, caniau a chlai;
y cyfan yn mynd yn llanast i'r môr
a'r pysgod yn crio wrth adael eu tai.

Rasio'n gyflymach gyflymach mae'r afon,
yn bwrw'i hysgwydd drwy ddrysau'r glennydd,
cyn gorwedd mewn caeau, wedi ymlâdd,
a'r ffermwr yn achub ei ddefaid o'r dolydd.

Rhai dyddiau distaw yn ddiweddarach,
a'r afon bellach yn dawel a dof,
mae marciau ochor bath ar y coed
yn dangos lle mae'r dŵr wedi bod;

lle trochwyd brigau fel dwylo'n y lli,
gan gipio'r gwair a mwd ar ei hynt,
sy'n hongian nawr fel gwymon yn sychu
ac yn siglo fel rhybudd yn y gwynt.

Ifor ap Glyn
efo plant Bl. 5 a 6, Ysgol Terrig, Y Treuddyn

Cerdd Fythol Werdd

Does 'da fi'm lot o awydd bod
Yn arddwr, na – dwi bob tro'n *bored*.
I mi, wir, mae hi'n glamp o strach
Twtio *un* bylb mewn potyn bach.

Mae rhywbeth, oes, sy'n ddigon hardd
Am flodau lliwgar lond yr ardd,
Ond cyn pen dim fe fyddan nhw
'Di gwywo'n llwyd a diflas, w.

Na, wir, y peth sy'n well 'da fi
Na'r un ardd frown yw ... cerdd o fri!
A pham fod cerdd yn well na blod?
Fe barith cerdd yn hirach, shw'od.

Eurig Salisbury

Iaith yr Anifeiliaid

"Pa fath o greadur yw hwn?"
Gofynnodd y frân wrth aderyn y bwn.

"Weithiau mae'n cario'r hyn a elwir yn ddryll,"
Sibrydodd y cadno wrth gwato'n y gwyll.

"Weithiau mae'n ein bwyta ni gyd ar sgiwer,"
Oedd y cyfraniad i'r sgwrs gan y wiwer.

"Mae hefyd yn llygru fy nghartre â'i garthion,"
Bytheiriodd y brithyll drwy swigod o'r afon.

"Ond daeth i achub fy nghywion yn syth
Pan welodd y gwynt yn chwalu fy nyth."

"Mae gen i gof iddo achub fy nheulu
Rhag yr helwyr â gwaed yn lliwio'u siacedi."

"Ac fe roddiff inni gnau a dŵr rhag syched
Pan fo'r gaeaf yn llwm ac arbennig o galed."

"Ac fe ddaw â'i ffrindiau dan ganu ei gân
I drio cadw'r hen afon ma'n lân."

Yn fachgen ysgol es ymlaen ar fy nhaith
gan feddwl mor braf fyddai deall eu hiaith ...

Aneirin Karadog

TRAETH

Mae hi'n Ŵyl y Banc a'r trên yn llawn
teuluoedd o Loegr (rhai swnllyd iawn).
Mae'r fam yn cega, mae'r mab wedi pwdu,
y tad wedi meddwi a'r babi 'di chwdu.

Mae'r plantos yn swnian a'u cegau'n stremp
o fferins a ffraeo a phethau'n rhemp
yn nüwch twnnel Llanfairfechan
ond yna, goleuni! Ebycha'r fechan ...

Mae hi'n gwasgu ei thrwyn yn erbyn y gwydr
a rhythu, rhyfeddu drwy'r ffenest fudr.
"Look! It's the snow!" cyhoedda'n falch
a'r haul yn llathru'n wyn fel calch.

"No, it's the sand, ya silly sausage!"
ochneidia ei mam, "Now finish yer sandwich!"
Ond mi wela i'r heli yn llygaid y fechan
a'r haul fel llafn hyd draeth Llanfairfechan.

A mi glywa i wefr y lli yn ei llais,
achos weithiau mae'n cymryd syndod y Sais
i ninna deimlo ias fel eira
wrth weld y traeth eto, am y tro cynta.

Gwyneth Glyn

Glywaist ti'r Gog?

Glywaist ti gân y gog eleni?

"Be wyt ti'n ddeud?" medd Lari Loncian,
Plwg yn ei glust a'i dafod allan;
Stampio'r traed, pengliniau'n codi –
Roc-a-rôl at gadw'n heini.

Glywaist ti gân y gog eleni?
Mae'n Fai, mae'n hwyr – lle mae hi arni?

"Cwestiwn dwl," medd Bet Bỳs Ysgol –
Canu corn ar ben y gongol
O fore Llun hyd fore Gwener;
Refio mawr i fod ar amser.

Glywaist ti gân y gog eleni?
Tlawd yw'r gwanwyn ers ei cholli.

"Gyda rhain?" yw cwestiwn Cen
A phâr o myffs ar draws ei ben,
Drwy y dydd yn pwmpio slyri
I gael gwair i'w beiriant torri.

Glywaist ti gân y gog eleni?

"Glywais i beth? Rwy'n drwm fy nghlyw,"
Medd hen wraig fach, yr hyna'n fyw,
Eto hi glyw yng ngwynt y de
Haf a gaea'n newid lle;
Mae rhai yn dweud y clyw hi wedyn
Gân y gog ar hyd y flwyddyn.

Myrddin ap Dafydd

Cnocell y Coed

Rwyt eto'n rat-a-tatian
yn dy hwyl, fel morthwyl mân
yn bwrw, bwrw dy big
o hyd ar bren y goedwig.

Rwyt eto'n rat-a-tatian
o glec i glec, fel dril glân
yn tyllu, tyllu i'r coed hyn,
i'th fwyd a'th nythfa wedyn.

Rwyt eto'n rat-a-tatian
yn y coed, fel curiad cân,
yn rhoi bob tro bît i'r allt,
drymrol y deri emrallt.

'Rat-a-tat' glaw ar ben to,
'Rat-a-tat' i'w rîtwîtio;
'Rat-a-tat' sydd, fel gwyddost,
('Rat-a-tat') yn creu pen tost!

Ceri Wyn Jones

PENMON

(Yn ymyl adfeilion Abaty Penmon ym Môn mae
colomendy enfawr)

Yng ngwesty gwag yr adar,
lle bu cysgod rhag gwynt main y môr,
clywaf atsain pedair canrif
fel siffrwd adenydd.

Yma, bu'r ceidwad yn gweini
â'i ystol a'i bolyn,
yn twtio nyth, yn hel plu
ac yn casglu wyau beunydd.

Heddiw yng ngwesty'r adar,
mae naw cant o lofftydd llwm
a'r colomen-westeion wedi hen hel eu pac,
gan hedfan, heb dalu,
na diolch,
na dim ...

Ifor ap Glyn
efo plant Bl. 5 a 6, Ysgol Llanfairpwll

Y Siop

Ma 'na siop sydd yn gwerthu breuddwydion
Yn y goedwig ger ein tŷ ni
A does neb yn gwbod amdani
Ond Tomi, y ci bach, a fi.
Mae'n llawn o bethau difyr a dwl
Na welodd neb mo'u bath:
Dail sy'n blasu fel siocled,
A sgidiau sy'n grwnian fel cath.
Llyfrau sy'n gallu siarad
A'u lluniau fel cartŵn yn symud.
Pilsen tawelu rhieni
Ac athrawon sy'n gweiddi bod munud.
Ma 'na swyn sy'n gwneud i chi ddiflannu
Neu mynd nôl i'r amseroedd a fu.
Hufen sy'n neud i chi ganu fel côr
Wrth dyfu barf wen fel tadcu.
Tabledi marchogaeth cymylau
A sbectol gwneud pobman yn hardd,
Moddion creu gwylie drwy'r wythnos
Neu jyngl ar waelod yr ardd.
Ond peidiwch, da chi, fynd i chwilio
Am yr hud sy yn y goedwig fawr ddu,
Achos siop sydd yn rhan o ddychymyg yw hon
Syniad Tomi, y ci bach, a fi.

Dewi Pws Morris

Yn yr Ardd

Mae mam/dad* yn giamstar ar balu'r ardd,
gan greu rheseidiau o lysiau hardd,

ac mae wedi fy nysgu sut i gymryd yr hedyn
a'i roi yn y pridd yn dyner, ac wedyn

rhaid cofio'i ddyfrio a'i wylio yn tyfu,
a chael gwared o chwyn rhag ofn iddo dagu.

Mae panas a thatws, letys a phwmpen,
ffa dringo a phys, a sawl moronen

yn hoffi eu lle yng ngardd fy mam/nhad*
mae hi'n arddwraig dda, dyna chi pam/*
mae'n llwyddo i dyfu popeth o had.

Rhaid cofio gadael yr un olaf i dyfu
a pheidio â'i gyffwrdd i'r hedyn gael magu

*mam/dad
*fferins/losin
*mae hi'n arddwraig dda, dyna chi pam/
mae'n llwyddo i dyfu popeth o had.
(y darllenydd i benderfynu pa un)

er mwyn i ni'i blannu y flwyddyn nesa,
a chael cnwd go lew pan ddaw y cynhaea.

Heblaw am gael fferins/losin* neu botel bop,
pwy fyddai angen mynd i siop?

Tudur Dylan Jones

TASE

Tase pobol 'run fath ag anifeiliaid
A nhw 'run fath â ni,
Dychmygwch pa fath o blaned
Bydde'r ddaear i ti a fi?
Base'r anifeiliaid yn cadw ni gyd
Mewn caets, parc natur neu sw,
Yn union 'run fath â gwnaethon ni
drwy'r oesoedd a fu, iddyn nhw.

Dewi Pws Morris

Mynd i'r Coed

Dwy neidr gantroed yn mynd i'r coed
Esgid newydd ar bob troed.
Dwy neidr gantroed yn dŵad adra
Wedi colli naw deg wyth o sgidia.
Dwy neidr gantroed!

Dau fflamingo'n mynd i'r coed
Esgid newydd ar un droed.
Dau fflamingo'n dŵad adra
Heb sgidia!
Dau fflamingo!

Mei Mac

Www!

Ar fy llw
mae'n halibalŵ
yn y sw
yn Timbyctŵ,
medden nhw;

mae'r cocatŵ a'r gnŵ,
y gwdihŵ a'r cangarŵ
wedi dianc mewn canŵ
o goed bambŵ
i Igwasŵ,

ta ta, twdlŵ!

gan adael sw
heb na ba na bw
yn Timbyctŵ,
medden nhw.

Www!

Mererid Hopwood

OEN BACH

Oen bach gwyn
Yng nghesail bryn,
Eira ar fraich y mynydd mawr,
Rhew'n y llyn.

Oen bach llwm
Yn ngwaelod cwm,
Olion traed a mwd ar lawr,
Bwrw'n drwm.

Oen bach smwt
Yng nghefn y cwt,
Brefu am ei fam yn llon,
Siglo'i gwt.

Oen bach gwyn
Ar ben y bryn,
Côt fawr hyfryd newydd sbon
Amdano'n dynn.

Eurig Salisbury

PETHAU RHYFEDD A RHYFEDDODAU

"Dacw'r bilidowcar!"

"Enw dwl ydi hwnna, Dad!
Ac enw sili ydi pilipala!
Ac ai'r iâr fach yr haf yw ei chwaer e,
Ac a oes glo yn y glöyn byw?
Ac ai'r meistr ydy'r neidr,
Ac felly dyna pam mae angen gwas?
A pham dy fod ti'n galw *wasp* yn bicwnen
A Mam yn dweud cachgi bwm?
Ac a oes modd godro
Buwch goch gota?
Ydy'r robin goch yn nabod Batman?
Ac ydy'r sigl-di-gwt eisiau mynd ar y siglen
Wedyn pan awn i'r parc swings?
Ac ai tylluan ydy'r gwdihŵ
Pan mae'n mynd tu allan?"

"Wel, fy merch, yn does yna ryfeddodau
Yn y byd 'ma, a'r rhyfeddod mwyaf yw ti!"

Aneirin Karadog

CYN Y GAWOD

Yn swil iawn, mae'r coed islaw – yn agor
eu brigau yn ddistaw,
gan ddisgwyl tincial alaw
sŵn dail glas yn dal y glaw.

Mererid Hopwood

Sgrech y Coed

Mae'n siŵr bod gennyt blu,
rhai'n binc, rhai'n las, rhai'n ddu,
ond welais i mo'th blu erioed,
'mond clywed sgrech 'run lliw â'r coed.

Mae'n siŵr bod gennyt big,
un drwchus, dywyll, ddig,
ond welais i mo'th big erioed
'mond clywed sgrech mor fain â'r coed.

Mae'n siŵr nad ydwyt ti'n
bodoli heb dy gri,
ac na bu gennyt gorff erioed,
'mond sgrech yn unig, sgrech y coed.

Ceri Wyn Jones

Llenwch y Bylchau

Fanw'r Fuwch yw f'enw i,
Dwi'n swynol ar fy llw,
O fore gwyn tan nos fe glywch chi
Fi yn canu "......"

Dilys Dafad ydw i,
Dwi'n aml ar hyd lle
Yn galw am fy ffrindiau i gyd
A dyma 'nghri "......"

Fi yw Cai y Ceiliog balch,
Dwi'n clochdar, nefi blŵ!
Ar doriad gwawr bob dydd dwi'n canu
"......".

A phwy yw hon a'i hwyaid bach
Sy'n cerdded ar y trac?
Wel, Haf Hwyaden, "Helô Haf!"
A medda hi "......"

Ac yn y cae mae ceffyl du'n
Carlamu yn ddi-stop
Ond sŵn y bedol ar y clos
Bob tro yw "......"

Mae synau rhyfedd ym mhob man
Ar erwau fferm y Ffridd,
Maen nhw i'w clywed yn ddi-stop
Bob munud o bob "......".

Caryl Parry Jones

Y Planhigion Hyll

Hyll ydi Dant y Llew.
Erchyll ydi'r Ysgall.
Rwdlyn ydi'r Rhedyn
wrth bob planhigyn arall.

Pathetig ydi'r Danadl Poethion.
Eiddigeddus ydi'r Eiddew.
Marwaidd ydi'r Mwsog
yn drwch ar foncyff tew.

Y planhigion hyll ar hyd y lle,
chwyn da i ddim yn y gogledd a'r de.

Ond mae lliw Dant y Llew
fel aur yn yr ardd.
Coron arian yw'r Ysgall
a rhwd y Rhedyn yn hardd.

Da i wneud te yw'r Danadl
meddai Mam,
ac mae'r Eiddew a'r Mwsog
yn cael bai ar gam.

Rhyfeddol yw'r planhigion
nid hyll, wir i chi.
Mae harddwch ym mhob man
os edrychwch chi.

Anni Llŷn

TRO

Dw i ddim isio mynd am dro!
Dw i ddim isio "gweld y fro!"
Mae'n well gen i roi 'mhen mewn sach
na chael fy llusgo i'r awyr iach!

Ond na, waeth imi heb â mynnu –
mae f'annwyl fam wedi penderfynu:
"Ti'n segur ar dy sgrin ers tridiau!
Gwisga dy gôt a chofia dy sgidiau!"

Ac allan â fi yn gyndyn iawn
a 'mhen yn fy mhlu drwy gydol y pnawn
wrth duchan a grwgnach a llusgo 'nhraed
a'r rhwystredigaeth yn berwi'n fy ngwaed.

"Yli – yn hedfan – y barcud mawr!"
Dw i'n sodro fy llygaid yn sownd i'r llawr.
"Ac yli – weli di – mil o forgrug!"
"O waw!" medda finna yn sur a sarrug.

Ond yna, o nunlle, daw deryn du
a fflach o enfys yn sglein ei blu,
ac ar fy ngwaethaf, dw i'n dechrau chwibanu
yr alaw ryfedd mae o'n ei chanu.

Dw i'n oedi a sylwi – peidiwch â chwerthin –
fod oglau cnau coco ar flodau'r eithin!
A bod 'na siâp bysedd ar fysedd y cŵn,
a bod clychau'r gog yn gwneud sŵn
o'u dal wrth eich clust yn agos, agos.
Ac i lawr wrth yr afon, wrth aros ... aros ...

Hei, welsoch chi hynna? Ar fy ngwir –
brithyll yn neidio o'r dyfroedd clir!
Dwi'n suddo 'nhraed i'r oerni braf
a dilyn chwiwdaith iâr fach yr haf
tan iddi lanio fel blodyn direidus
ar gledr fy llaw yn gusan felys.

A than y canghennau fu yma erioed
mi ddo' innau yn ôl at fy nghoed.
"Tyrd, amser swpar! Gwisga dy sgidia!"
"Ond Mam, oes raid inni 'i throi am adra?"

Gwyneth Glyn

PRYD?

'Pryd gerddaist ti dd'wetha ar y llwybr bach
a theimlo'r gwres yn yr awyr iach?

'Pryd deimlaist ti'r gwlith o dan dy droed?
Pryd glywaist ti gân cnocell y coed?

'Pryd glywaist ti'r dŵr yn Rhaeadr y Ddôl?
Pryd welaist ti'r wennol yn cyrraedd yn ôl?

'Pryd wnest ti gadwen Llygad y Dydd?
Pryd glywaist ti gân yr awel rydd?

'Pryd welaist ti'r wawr yn torri'n dân?
Pryd welaist ti nyth yr adar mân?'

'Does gen i ddim amser i wneud hyn i gyd –
Dwi ar fy ffôn, ac yn hapus fy myd!'

Tudur Dylan Jones

Pawen Lawen

Nid oedd y rhai sy'n anifeiliaid
Am gael eu cyfri'n hwliganiaid –
Felly, mewn ysbryd Nadoligaidd,
Trefnwyd diwrnod an-anifeilaidd.

"Pawen lawen!" meddai llew wrth lygoden.
"Fuaset ti'n hoffi darn mawr o deisen?"

"Pawen lawen!" meddai blaidd wrth gwningen.
"Oes gen ti awydd gêm o sboncen?"

"Pawen lawen!" meddai cath wrth fwyalchen.
"Gymeri di bowlen o jeli a hufen?"

"Pawen lawen!" meddai eryr wrth golomen.
"Paned o de neu ddiod o oren?"

Am ddiwrnod cyfan, nid oedd un bawen
Yn gas, roedd bwystfilod y byd yn llawen ...

Pwy oedd yn pasio a sylwi ar hyn
Ond Pobol Fawr. Meddent yn syn,
"Mae Pawen Lawen yn groes i natur!
Mae fel gweld arth yn gwisgo colur!
Mae fel gweld teigr yn chwarae'n y parc!
Mae fel rhoi gwersi gwenu i siarc!
Mae pawen yn beryg, mae pawen yn finiog:
Mae'n hanfodol i'r anifail arfog."

Pwy ddaeth wedyn ond criw o blant
Yn barod am firi, gant y cant,
Yn falch o weld ei gilydd mewn hwyl,
Bod pob creadur yn cadw gŵyl.
Aeth hi'n "Bawen Lawen" gyda'r llew
Y cobra a'r sgorpion a'r gorila tew –
Pob pawen yn yr awyr ac yn rhydd,
Dyna'n union oedd natur y dydd.

Ond methu deall roedd y Bobol Fawr
Gan gadw eu dwylo bob amser i lawr.

Myrddin ap Dafydd

Cyfrol gyntaf y gyfres gan Feirdd Plant Cymru

geiriau bach chwareus

cerddi am chwarae a chwaraeon

BARDD
PLANT
CYMRU

Anni Llŷn
a Beirdd Plant Cymru

hwrê, mae hi'n wyliau!

cerddi am wyliau a hamdden

BARDD
PLANT
CYMRU
Anni Llŷn
a Beirdd Plant Cymru

Llyfrau lliwgar yn llawn cerddi

£5.99 yr un
www.carreg-gwalch.com

Argraffiad cyntaf: ⓗ Gwasg Carreg Gwalch 2018
ⓗ testun: y beirdd 2018
ⓗ darluniau: John Lund 2018

Cedwir pob hawl.
Ni chaniateir atgynhyrchu unrhyw ran o'r cyhoeddiad hwn,
na'i gadw mewn cyfundrefn adferadwy, na'i drosglwyddo
mewn unrhyw ddull na thrwy unrhyw gyfrwng, electronig, digidol,
electrostatig, tâp magnetig, mecanyddol, ffotogopïo, recordio, nac fel arall,
heb ganiatâd ymlaen llaw gan y cyhoeddwyr, Gwasg Carreg Gwalch,
12 Iard yr Orsaf, Llanrwst, Dyffryn Conwy, Cymru LL26 0EH.

Rhif Llyfr Safonol Rhyngwladol:
978-1-84527-647-8

Cyhoeddwyd gyda chymorth Cyngor Llyfrau Cymru
a chydweithrediad Bardd Plant Cymru

Cynllun clawr: Eleri Owen
Llun clawr: Sioned Birchall
Lluniau i gyd: John Lund

Cyhoeddwyd gan Wasg Carreg Gwalch,
12 Iard yr Orsaf, Llanrwst, Dyffryn Conwy, Cymru LL26 0EH.
Ffôn: 01492 642031
e-bost: llyfrau@carreg-gwalch.cymru
lle ar y we: www.carreg-gwalch.cymru

Argraffwyd a chyhoeddwyd yng Nghymru